Paul Leroy-Beaulieu

La Dette publique de la France

essai

ISBN : 978-1532894633

10 9 8 7 6 5 4 3 2 1

Paul Leroy-Beaulieu

La Dette publique de la France

essai

Table de Matières

Introduction	**6**
Chapitre I	**8**
Chapitre II	**16**
Chapitre III	**26**
Chapitre IV	**34**

Introduction

Il y a peu d'études qui offrent un intérêt aussi saisissant que l'étude des dettes publiques des nations civilisées. Le phénomène des dettes nationales n'est sans doute pas nouveau, mais il a pris depuis cinquante ans un développement si prodigieux que l'esprit en est étonné et presque effrayé. Un économiste anglais de renom, M. R. Dudley-Baxter, qui a consacré à cet important sujet de laborieuses recherches, décrivait récemment la progression des engagements des états, *progress of indebtedness*.[1] Dans tous les temps, il s'est trouvé que les peuples ou les souverains ont parfois anticipé sur les revenus futurs par des emprunts temporaires. Ce sont les républiques italiennes qui ont les premières réduit cette pratique en système et remplacé les emprunts occultes et à terme par des emprunts publics et perpétuels. La France et l'Espagne, qui se disputèrent si longtemps l'Italie, suivirent cet exemple. Les Hollandais à leur tour, d'abord sujets, puis ennemis des Espagnols, l'imitèrent. Après la révolution de 1688, l'Angleterre prit aussi cette coutume continentale. Tous les peuples de l'Europe se laissèrent gagner l'un après l'autre par cette contagion : les États-Unis et à leur suite toutes les républiques de l'Amérique du Sud recoururent pour leur affranchissement ou pour les travaux publics à cette facile ressource. Les pays musulmans, y compris Tunis et le Maroc, entrèrent avec ardeur dans la même voie. Aujourd'hui l'extrême Orientale, le Japon en tête, toutes les colonies anglaises depuis le Canada jusqu'aux diverses provinces australiennes, semblent croire qu'une dette publique est une partie essentielle d'une organisation administrative vraiment moderne. M. Dudley-Baxter, passant mélancoliquement en revue tous les pays réputés civilisés, n'en découvrait que trois qui n'eussent pas de dettes nationales, la Servie en Europe, la Bolivie en Amérique et la république de Libéria en Afrique : c'était faire assurément grand honneur au petit état de noirs émancipés que de le comprendre dans cette énumération ; mais, de ces trois exceptions que signalait l'économiste anglais, il y en a déjà une, la Bolivie, qui a disparu.

On voit combien le phénomène des dettes publiques a gagné en généralité : il s'est répandu à peu près sur toute la surface de la terre ;

1 Dans son ouvrage *National Debts*, Londres 1871.

Paul Leroy-Beaulieu

il ne s'est pas moins développé en intensité. D'après les recherches de M. Dudley-Baxter, qui sont, il est vrai, en partie conjecturales pour les périodes un peu éloignées de nous, l'ensemble des dettes nationales des pays civilisés montait en 1715 à 7 milliards 500 millions de francs, chiffre bien minime à nos yeux, qui se sont habitués depuis quelques années à des nombres prodigieux. Déjà la France venait la première sur la liste des nations endettées, puis la Hollande, ensuite l'Angleterre, enfin l'Espagne, les républiques italiennes et les états allemands. Pendant les quatre-vingts années qui suivirent, les dettes nationales augmentèrent, mais lentement, sans brusques soubresauts : celle de la France se réduisait par un procédé arbitraire et violent, la banqueroute des deux tiers sous la révolution. En 1793, l'ensemble des dettes publiques des contrées de notre groupe de civilisation, y compris les États-Unis et l'Inde anglaise, s'élevait à 12 milliards 1/2 de francs, l'Angleterre devant à elle seule plus de la moitié de cette somme. On sait combien les écrivains anglais du XVIIIe siècle étaient effrayés du développement de la dette britannique. « Il faut qu'une nation tue le crédit public ou que le crédit public tue la nation, » disait David, Hume. Il se trompait : il n'avait pas prévu les merveilleuses inventions mécaniques qui devaient, à la fin du dernier siècle, donner à la prospérité publique une impulsion jusqu'alors inconnue. De 1793 à 1820, les dettes nationales s'accrurent infiniment plus que dans les quatre-vingts années précédentes : l'ensemble, à la dernière de ces dates, en peut être évalué à 38 milliards de francs, dont 23 milliards pour la seule Angleterre. Il semblerait que la longue période de paix qui s'écoula de 1815 à 1848 eût dû alléger le poids des engagements des états ; il en fut tout autrement : lorsque éclata la révolution de février, l'ensemble des dettes publiques des peuples civilisés montait à plus de 44 milliards. Enfin pendant la période tourmentée et guerrière qui s'étendit de 1848 à 1870, les engagements des états s'accrurent bien davantage. M. Dudley-Baxter, à la veille du terrible choc entre la France et l'Allemagne, pouvait évaluer le montant des dettes nationales à 100 milliards de francs ; aujourd'hui ce chiffre est certainement de beaucoup dépassé : l'on ne risque pas de tomber dans l'exagération en disant que les dettes publiques des peuples de notre groupe de civilisation représentent une somme qui équivaut à toute la richesse de la France. De 1848 à 1870, le chiffre moyen des emprunts d'état s'est élevé à 2 milliards 1/2 de francs par année. Les efforts pour éteindre ou pour réduire les dettes publiques ont été depuis l'origine jusqu'à nos jours aussi faibles et aussi intermittents qu'a été violent et continu l'entraînement à les contracter. On ne cite que six états qui aient réussi à alléger le fardeau en capital de leurs engagements perpétuels ; ce sont la Grande-Bretagne, les États-Unis, la Hollande, la Belgique, la Prusse et le Danemark. La France tient aujourd'hui le premier rang sur la liste des pays endettés : de quelque manière que l'on fasse le calcul, un voit qu'elle est de tous les pays d'une grande civilisation celui qui se trouve le plus chargé par les fautes du passé. Comment s'est développée notre dette nationale ? Quels sont les éléments divers qu'elle contient ? Quelles sont les chances et quels sont les moyens de la réduire ? Voilà des sujets d'études qui soulèvent les plus intéressantes questions scientifiques et administratives.

Chapitre I

Ce qui frappe dans l'examen des origines de la dette publique de la France, c'est la date récente des engagements qui la composent. La somme que nous devons en capital et dont nous payons les arrérages annuels a été empruntée, sauf un vingtième environ, depuis soixante ans. Nos ancêtres, par des procédés sommaires que condamnent la loyauté et l'intelligence financière de notre temps, se sont débarrassés de la plus grande partie des dettes de l'ancien régime. Il ne s'agit pas d'entrer ici dans le dédale de l'administration de la vieille monarchie ou de la révolution ; ce serait une étude rétrospective sans intérêt pratique. On sait combien étaient divers les engagements d'alors : il y avait des dettes constituées et perpétuelles, des dettes viagères, des dettes criardes, anticipations, assignations, rentes sur la couronne, sur les pays d'état, etc. : l'énumération complète en serait aussi fastidieuse que longue. On eut l'idée d'unifier toutes ces obligations, et de procéder ainsi à une liquidation générale. La loi du 24 août 1793 créa donc le grand-livre de la dette publique, qui ne devait contenir que des rentes perpétuelles, mais rachetables, en 5 pour 100. Les rentes intégrales susceptibles d'être inscrites dans ce grand-livre s'élevaient à 174,716,000 francs d'arrérages annuels. Pendant toute la tourmente révolutionnaire, ces intérêts étaient payés, rarement en numéraire, quelquefois en assignats, le plus souvent un quart en espèces et trois quarts en valeurs fictives dites « bons des trois quarts » et échangeables contre des biens nationaux. Aussi c'était une profession singulièrement précaire que celle de rentier, et qui parfois s'alliait à l'indigence. Sous le directoire, dans un moment de grande détresse, on s'avisa de régulariser cet état de choses ; la nation, croyait-on, pouvait se considérer comme un commerçant malheureux qui offre à ses créanciers un concordat. Au surplus on ne changeait guère leur situation en donnant un caractère définitif à des arrangements qui étaient pratiqués depuis plusieurs années ; en vertu de la loi du 9 vendémiaire an VI, on consolida le tiers de la dette publique et l'on mobilisa les deux autres tiers, c'est-à-dire que l'on conserva sur le grand-livre le tiers des rentes dues à chaque créancier et que l'on remboursa en valeurs fictives, en bons échangeables contre des biens nationaux les deux autres tiers. Les arrérages de la dette publique, après diverses annulations de rentes reçues en paiement de biens domaniaux ou confisqués sur les émigrés et les mainmortables, ne montaient plus qu'à 40,216,000 francs. Ce n'est certes pas sans un sentiment pénible de confusion et de regret qu'on pense aujourd'hui à cette opération irrégulière ; mais alors plusieurs siècles de désordre et d'arbitraire avaient persuadé aux esprits que l'état est le souverain arbitre de la justice, et que son intérêt immédiat doit être la règle suprême de sa conduite. Aujourd'hui, par soixante années d'une loyauté qu'aucune épreuve n'a pu ébranler, nous avons réparé cette faute originelle et lointaine.

A la fin du siècle dernier, lorsque fut créé le consulat, notre dette publique était ainsi presque insignifiante. Un poids annuel de 40 millions de francs pour une nation qui comptait 25 millions d'habitants et dont le budget s'élevait à 600 ou à 700 millions, c'était un fardeau singulièrement léger. La Grande-Bretagne à la même époque, ayant une population moitié moindre, prélevait sur ses ressources, pour le service dès intérêts de sa dette, 422 millions de francs. La Hollande, expiant les fautes commises par ses gouvernants au XVIIe et au XVIIIe siècle, avait une dette triple de la nôtre. Celle de l'Autriche était assez notablement supérieure à la dette de la France. Les entreprises guerrières du maître qui lança pendant quinze ans la France dans une série d'aventures glorieuses et épuisantes n'eurent pas immédiatement sur l'état de nos finances l'influence perturbatrice qu'il semblerait qu'elles eussent dû exercer. Napoléon était épris de l'ordre et de la bonne administration : il se trouvait admirablement secondé par deux hommes de talent Gaudin et Mollien ; quoiqu'il manquât de la connaissance des vrais principes économiques, ses qualités, comme ses défauts, le portaient à ménager soigneusement les ressources du pays. Il avait en horreur l'emprunt ouvertement conclu, comme une sorte d'aveu de faiblesse de la part d'un gouvernement. Il recourut, il est vrai, à des mesures qui étaient des emprunts détournés : il payait parfois en rentes les fournisseurs de ses armées ; la vente obligatoire au profit de l'état des biens des communes en 1813 et la création de rentes accordées comme compensation aux localités était encore une opération de ce genre. Cependant c'était surtout l'extraordinaire des guerres, les contributions des pays conquis et les réquisitions qui alimentaient les dépenses des armées. On est étonné de la faible augmentation de notre dette nationale sous le régime de 1800 à 1814. Au 1er avril de cette dernière année, les arrérages de la dette consolidée, qui n'était composée que de 5 pour 100, montaient seulement à 63,307,637 francs. Si l'on se rappelle que le consulat avait trouvé une dette de 40 millions, on voit que jusqu'en 1814 il n'y avait été ajouté que 23 millions en intérêts ou 460 millions en capital nominal. Encore doit-on dire que sur cette somme 6 millions de rentes en chiffres ronds représentaient les dettes des pays réunis à la France ; 10 millions de rentes avaient été créées pour pourvoir à l'arriéré et aux dettes criardes que le directoire mourant laissa à la charge de son successeur. Ainsi, de 1800 à 1814, la dette contractée par le consulat ou l'empire pour ses propres besoins ne dépassait pas 7 millions de rentes ou 140 millions de capital nominal.

L'invasion, les cent jours, nos propres frais de guerre dans la courte et dernière campagne de l'empire, l'indemnité exigée par nos vainqueurs, vinrent accroître dans d'énormes proportions cette dette publique si réduite. La restauration se vit dès ses premiers jours dans une situation singulièrement embarrassée, ayant à payer aux alliés 700 millions de contributions de guerre en cinq ans, à entretenir 150,000 hommes de troupes étrangères pendant le même temps, à liquider les dettes que laissait l'empire croulant, à réparer la spoliation dont les émigrés avaient été les victimes, et à consolider ainsi dans les mains de leurs nouveaux détenteurs la propriété des biens nationaux. Il n'entre pas dans notre plan de décrire par quels efforts d'économie et de bonne administration financière tous ces résultats furent obtenus. Jamais nos finances n'ont été conduites avec tant de prévoyance, de rigueur, d'honorable et nécessaire parcimonie que par MM. Louis, Corvetto et de Villèle.

Les ministres de la restauration eurent pour premier principe de respecter scrupuleusement tous les engagements des régimes antérieurs. Des membres exaltés du côté droit de la chambre demandaient qu'on répudiât les dettes formant l'arriéré de l'empire, ou qu'on les payât en 5 pour 100 au pair, quoique ce fonds d'état fût alors à des cours fort inférieurs. Le gouvernement eut la probité et l'intelligence de se refuser à de semblables mesures. Il chercha à se rendre un compte exact du fardeau qui allait peser sur lui sans essayer d'en rejeter une partie ; il recourut à la fois au crédit public et à l'impôt pour faire face au capital, à l'intérêt et à l'amortissement de cette charge. Du 1ᵉʳ avril 1814 au 1ᵉʳ août 1830, la restauration émit 164,779,000 francs de rentes nouvelles, sans compter celles qui furent créées en remplacement des rentes 5 pour 100 converties en 1825. Ces émissions successives venant s'ajouter aux 63 millions de rentes existantes au 1ᵉʳ avril 1814 auraient porté lors de la révolution de juillet à 228 millions de francs en chiffres ronds le total des arrérages de la dette consolidée de la France ; mais, par la conversion de 1825, il y eut une réduction de plus de 6 millions sur les intérêts annuels de la dette, l'amortissement racheta pendant la même période près de 54 millions de rentes, et 3 millions 1/2 de rentes furent annulées après avoir fait retour à la couronne. Aussi au 1ᵉʳ août 1830 la dette consolidée de la France ne s'élevait qu'à 164 millions 1/2 en arrérages. Ce chiffre était minime, si l'on tient compte de la diversité et de l'étendue des engagements auxquels il avait fallu pourvoir. La dette de la France à cette époque ne représentait pas le quart de celle de l'Angleterre, dont le service exigeait 718 millions par année, et elle ne dépassait guère en capital la dette de la Hollande.

Il y aurait beaucoup à dire sur les emprunts contractés par la restauration, tant sur les méthodes que sur les taux d'émission. Un emprunt peut être négocié avec de grandes maisons de banque sans que l'on provoque entre elles une concurrence ; il peut encore être placé fractionnairement à la Bourse par les agents du trésor : il peut être contracté avec des banquiers ou des réunions de capitalistes par le procédé de l'adjudication, c'est-à-dire attribué au groupe de financiers qui font les conditions les meilleures après une mise aux enchères ; il peut enfin être directement émis sans intermédiaire par la voie d'une souscription publique, l'état fixant le taux d'émission, les modes de versement, et recevant lui-même les offres de tous les capitalistes, grands, moyens ou petits. Ces diverses méthodes ont été soit successivement, soit simultanément employées en France ; le mérite en est inégal. Les deux premiers modes sont évidemment défectueux, les deux derniers sont plus parfaits ; mais un état n'a pas toujours le choix entre les divers procédés d'emprunts. S'il n'a qu'un crédit précaire, s'il lui faut de l'argent dans le plus bref délai, si les sommes dont il a un besoin pressant sont d'ailleurs restreintes, il se voit parfois obligé de placer directement des titres à la Bourse ou de les négocier sans publicité et sans concurrence à des maisons solides et de bonne volonté. C'est à ces deux moyens que recourut la restauration pour tous ses emprunts de 1816 à 1818 : c'est aussi le second de ces procédés qu'employa en 1870 la délégation de Tours pour l'emprunt appelé Morgan. Dans de pareilles circonstances, l'état doit payer cher les capitaux qu'il se procure. La restauration emprunta ainsi, de 1816 à 1817, plus de 414 millions de francs effectifs. En 1818, le crédit du nouveau régime était mieux établi, on avait appris à connaître par l'expérience de quelques années la prudence de son administration. L'état eut alors l'audace de faire un appel direct au pays et de lui demander par la voie de la souscription publique un capital nominal de 292 millions de francs, représentant un versement effectif de 197 millions. Il se produisit ce que l'on a toujours vu depuis, un empressement inouï aux guichets du trésor, une sorte d'emportement général pour obtenir quelque parcelle de l'emprunt en vue d'une plus-value probable : la somme de rentes offerte par l'état fut onze fois couverte par les demandes du public, les fonds haussèrent en quelques mois de près de 20 pour 100 ; mais ce succès inespéré eut bientôt son revers. Une foule de souscripteurs

Paul Leroy-Beaulieu

s'étaient engagés au-delà de leurs ressources et ne pouvaient faire face aux échéances : la rente baissa dans la même proportion qu'elle avait monté. La restauration, qui était un régime sérieux et réfléchi, jugea sévèrement, après cet essai, la méthode des souscriptions publiques ; jamais elle n'y revint. Les financiers de la restauration et du gouvernement de juillet préférèrent le procédé de l'adjudication à des maisons de banque : trois grandes opérations de crédit, en 1821, en 1823 et en 1830, furent faites suivant cette méthode.

Si le mode d'émission d'un emprunt, la manière dont il vient au jour et se répand dans le public a de l'importance, les conditions substantielles de l'emprunt, le prix et l'époque de remboursement, le taux de l'intérêt, en ont une plus grande encore. Tous des emprunts de la restauration, sauf le dernier, celui de 1830, furent constitués en rentes perpétuelles 5 pour 100. Le crédit de l'état ne permettait pas, surtout dans les premières années, de négocier aux banquiers ou de placer dans le public ces titres au pair, c'est-à-dire au cours de 100 francs pour chaque rente de 5 francs ; on les écoula à des taux beaucoup plus bas qui s'échelonnèrent de 52 fr. 50 cent, à 67 fr. 60 cent, jusqu'en 1818. La dette nominale dont la restauration pendant ces trois premières années greva la France fut donc supérieure environ des deux cinquièmes à l'ensemble des sommes que lui procurèrent ces opérations de crédit. Cette méthode d'emprunter en fonds portant un intérêt nominal peu élevé, mais dont les titres sont livrés au public fort au-dessous du pair, est devenue assez générale en Europe, quoiqu'elle soit aujourd'hui reconnue pernicieuse. Dans l'origine, on ne recourait pas à ces subterfuges. Pendant plus d'un siècle et demi, jusqu'à la guerre contre ses colonies de l'Amérique révoltées, la Grande-Bretagne emprunta toujours au pair en élevant le taux de l'intérêt ou en concédant aux rentiers des avantages accessoires, tels que billets de loterie ou annuités viagères ; jamais elle ne reconnaissait à ses créanciers un droit à un capital plus considérable que celui qu'ils avaient réellement versé. C'est depuis la fin du dernier siècle, surtout depuis Pitt, que l'on imagina de créer des titres à un taux d'intérêt fictif et de déguiser ainsi par une ruse grossière les conditions réelles du crédit national. Tous les écrivains financiers ont blâmé cette méthode et en ont fait ressortir les immenses inconvénients pour l'état qui s'y abandonne : le remboursement et l'extinction de la dette deviennent singulièrement difficiles dans un système où l'état, imitant les fils de famille prodigues, souscrit des billets pour une somme plus forte que celle dont il a profité. Le célèbre historien de la dette anglaise, Hamilton, et l'économiste Mac-Culloch ont démontré par des chiffres rigoureux que les emprunts contractés ainsi depuis la fin de la guerre d'Amérique jusqu'en 1815 en fonds nominalement peu élevés, mais dont les titres étaient émis à 30 ou 40 pour 100 au-dessous du pair, avaient grevé l'Angleterre d'une surcharge de plusieurs milliards que lui aurait épargnée un système plus rationnel. Les mêmes observations pourraient s'appliquer aux emprunts de la restauration : ceux de la période de 1815 à 1818 ont coûté au trésor un intérêt qui variait de 7 francs 50 cent, à 9 1/2 pour 100. Si, au lieu de créer du 5 pour 100, on eût eu le courage de créer du 7 ou du 8 pour 100, ou tout au moins du 6 pour 100, comme l'ont fait les États-Unis d'Amérique pendant la guerre de sécession et la délégation de Tours en 1870, on n'aurait guère augmenté la charge annuelle en intérêts et l'on eût singulièrement facilité le remboursement du capital.

A partir de 1821, le crédit de la France se relève avec rapidité : l'emprunt émis dans le courant de cette année et adjugé aux maisons Hottinguer, Hope, Bagnenault et Delessert est placé au cours de 85 francs 55 centimes ; c'est presque exactement le même taux que celui de notre grand emprunt de 3 milliards. En 1823, le gouvernement adjugea à la maison Rothschild frères 23 millions de rentes 5 pour 100 au cours de 89 francs 55 cent., et le 12 janvier 1830 cette même maison souscrivit un emprunt de 80 millions de francs en 4 pour 100 au taux de 102 francs 57 cent. 1/2. Cette dernière opération de crédit est une des plus remarquables et des plus recommandables de notre histoire financière : elle montre qu'un état qui a de bonnes finances n'a pas besoin, pour se procurer des sommes importantes, de solliciter les capitalistes par l'appât d'une plus-value considérable sur les titres qu'il leur livre ; il suffit de leur accorder un intérêt rémunérateur et qui soit en harmonie avec la situation générale du marché des capitaux. L'emprunt de 1830 est le seul qui en France ait été émis légèrement au-dessus du pair, c'est-à-dire au-dessus du taux de remboursement ; nous verrons qu'en 1832 un autre emprunt, cette fois en 5 pour 100, fut émis presqu'au pair, à 98 francs 50 cent. Nous espérons que, si jamais la France recourt de nouveau au crédit, elle s'inspirera de ces deux exemples et renoncera à l'imprudente habitude de reconnaître aux rentiers un capital notablement plus considérable que celui qu'ils lui versent.

Quoique tous les emprunts de la restauration, sauf celui de janvier 1830, aient été conclus en 5 pour 100, c'est ce gouvernement qui a créé aussi les deux fonds 4 1/2 et 3 pour 100, le 4 1/2 par la conversion facultative du 5 sous le ministère de M. de Villèle, et le 3 pour 100 par cette même conversion et par l'indemnité dite du milliard accordée aux émigrés. Nous n'avons aucun préjugé en faveur du prétendu principe de l'unité de la dette publique. La convention nationale et Cambon, passionnés, selon le goût de l'époque, pour tout ce qui est simple et uniforme, avaient fait une sorte de loi majestueuse de cette unité de la dette, qui ne devait consister qu'en fonds 5 pour 100, théorie singulièrement puérile, comme si le crédit de l'état ne devait pas subir les mêmes fluctuations que le crédit des particuliers, comme si un gouvernement avait la puissance de fixer une fois pour toutes le taux de l'intérêt qu'il pourra et devra payer à l'avenir. On doit regretter néanmoins, comme une faute ayant de graves conséquences, la création du fonds 3 pour 100. Jamais en France, pas même sous le gouvernement de Louis-Philippe, le 3 pour 100 n'a assez approché du cours de 100 francs pour que l'état eût avantage à emprunter en ce fonds. L'habitude d'y recourir a grossi prodigieusement le capital nominal de notre dette, et en rendra l'extinction très coûteuse. Il y avait toutefois à la création des rentes 3 pour 100, pour indemniser les émigrés et les anciens propriétaires de biens nationaux, une raison-spécieuse : on voulait restituer à ceux-ci, au moins en apparence, tout ce qu'ils avaient perdu, sans charger l'état outre mesure ; on assimilait la rente 3 pour 100, pour la solidité du placement et pour le taux de capitalisation, aux revenus fonciers ; l'on pouvait se vanter d'avoir pleinement dédommagé ces propriétaires évincés en leur restituant la totalité de leurs revenus d'autrefois et un capital nominalement équivalent, quoique effectivement très inférieur, à celui qu'ils avaient perdu. On sait que ce fameux milliard des émigrés consistait en une série de rentes 3 pour 100 montant ensemble à un peu moins de 26 millions de francs d'intérêt.

Malgré les quelques critiques que nous lui avons adressées, nous devons reconnaître que la restauration géra les finances du pays avec une remarquable habileté et une inaltérable bonne foi. Elle avait reçu du gouvernement précédent une dette de plus de 63 millions de rentes, elle en laissait une de 164 millions : les emprunts qu'elle avait dû émettre pour payer l'arriéré impérial, les contributions et les charges de guerre, l'indemnité aux émigrés, et pour combler le déficit de ses premiers budgets, s'étaient élevés à près de 165 millions de rente ; mais l'amortissement en avait racheté 53, une conversion du 5 pour 100 en 4 1/2 ou en 3 pour 100 en avait éteint 6, des retours de rente à l'état avaient annulé encore près de 4 millions de rentes : c'est ce qui explique le chiffre relativement faible du montant de la dette publique en 1830.

Chapitre II

Tout gouvernement qui se fonde après une révolution se voit contraint de recourir immédiatement au crédit : c'est là une loi inéluctable. Il suffit d'un changement de régime politique pour jeter la perturbation dans les recettes et dans les dépenses. Celles-là se trouvent fatalement réduites et celles-ci accrues. Ainsi, à peine installé, le gouvernement de Louis-Philippe dut solliciter de la nation les fonds que les impôts ne lui fournissaient plus en quantités suffisantes. Il contracta au commencement de 1831 un premier emprunt en 5 pour 100 qui lui produisit 120 millions de francs effectifs moyennant une inscription de 7,142,000 francs de rentes. Il nous paraît vraiment étrange aujourd'hui que le passage de la monarchie aristocratique à la monarchie bourgeoise ait aussi profondément ébranlé pendant près de deux ans le crédit public. Le 12 janvier 1830, la restauration avait adjugé à des banquiers un emprunt de 80 millions de francs en 4 pour 100 au cours de 102 francs, c'est-à-dire au-dessus du pair ; le 19 avril 1831, le gouvernement de Louis-Philippe ne put se procurer 120 millions effectifs en 5 pour 100 qu'au cours de 84 francs ; la révolution de 1830 avait donc autant déprimé le cours des fonds publics que l'ont fait la guerre de 1870, la révolution du 4 septembre, l'insurrection de la commune, la perspective d'une augmentation de dettes de 10 milliards et d'un accroissement d'impôts de 700 millions.

Paul Leroy-Beaulieu

A toutes les époques et dans toutes les sphères de l'activité humaine, on voit se reproduire les mêmes illusions et les mêmes entraînements. En 1871 et en 1872, on s'avisa d'ouvrir une souscription pour payer à l'Allemagne les milliards ou du moins une notable fraction des milliards qu'elle exigeait de notre pays mutilé. Les honorables et crédules organisateurs de cette grande manifestation ignoraient sans doute que plusieurs essais de ce genre avaient été faits en France, même dans des temps récents, et qu'ils avaient toujours misérablement échoué. Au mois d'avril 1831, quelques semaines à peine après l'emprunt adjugé à des banquiers et aux receveurs-généraux, le gouvernement fit un grand appel au public. Il émit un emprunt national de 100 millions en 5 pour 100 au pair : il comptait sur l'esprit éclairé et les sentiments patriotiques de la bourgeoisie. On pensait que le régime nouveau retirerait un grand honneur et un puissant secours de la souscription volontaire de cet emprunt au-dessus du taux que cotait la Bourse. Frivole attente ! les capitalistes ne répondirent pas à cette convocation : ils prouvèrent en s'abstenant qu'ils ne confondent jamais un placement et un acte de dévouement. Sur les 100 millions de capital demandés par l'état en 5 pour 100 au pair, on ne souscrivit que 20 millions. Une expérience semblable fut faite avec le même succès après la révolution de 1848 : on réclamait aussi des rentiers à cette époque un prêt de 100 millions en 5 pour 100 au pair ; quoique ce fonds fût coté à des cours très inférieurs sur le marché, on ne recueillit que 26 millions. Le même sort est réservé à toutes les tentatives de ce genre. Il est aussi chimérique de compter, pour souscrire des emprunts, sur le dévouement des capitalistes que, pour former et conduire des armées, sur l'enthousiasme et la discipline de volontaires ou de recrues improvisées.

En 1832, le régime de juillet dut encore faire un emprunt de 150 millions de francs effectifs pour pourvoir aux déficits que les troubles et les inquiétudes publiques causaient aux budgets ; mais cette fois le crédit s'était sensiblement relevé, les rentes 5 pour 100 furent adjugées à 98 fr. 50 cent. Jusqu'en 1840, le grand-livre resta fermé. Depuis cette époque et pendant les huit dernières années de la monarchie constitutionnelle, il fut trois fois rouvert. A partir de 1840 en effet, l'Europe est entrée dans une ère nouvelle : elle subit deux entraînements simultanés, l'un légitime et bienfaisant, l'autre condamnable et meurtrier ; elle a deux passions qu'elle satisfait à la fois, celle des travaux publics et celle des armements guerriers. Ce sont là les deux causes des emprunts qui furent contractés en 1841, en 1844 et en 1847 ; ils ne furent pas émis en 5 pour 100, qui était alors fort au-dessus du pair ; ils ne le furent pas même en 4 pour 100, qui était au pair, ni en 3 1/2 pour 100, fonds que l'on aurait pu et dû créer à l'imitation des Anglais : ils furent tous constitués en rentes 3 pour 100. Les hauts cours de la rente 3 pour 100 dans les dernières années du règne de Louis-Philippe sont un phénomène aussi curieux que les bas cours du 5 pour 100 dans les premières années de la restauration. Dans ces deux périodes, notre crédit touche les deux termes extrêmes qu'il ait atteints depuis 1800. En 1814, le 5 pour 100 était descendu à 45 francs ; en 1840, le 3 pour 100 fut à 86 fr. 65 cent. Les trois derniers emprunts contractés par le gouvernement de Louis-Philippe furent adjugés à des cours dont le plus bas est 75 fr. 25 cent, et le plus haut 84 fr. 75 cent, pour la rente 3 pour 100. Le régime d'alors paraissait plus solide que la restauration : n'ayant pas eu à subir la liquidation d'une époque désastreuse, il empruntait moins ; l'activité des affaires était considérable, la richesse mobilière commençait à se former en proportions toujours croissantes, les capitaux trouvaient difficilement des placements sûrs. Notre 3 pour 100 tendait alors à devenir ce que sont aujourd'hui les consolidés anglais, un titre donnant un intérêt modique, mais ne baissant pour ainsi dire jamais de valeur, s'élevant plutôt chaque jour par une progression constante.

La dette transmise par la restauration au gouvernement de juillet montait à 164 millions de rentes, celle que la monarchie constitutionnelle légua à la république de 1848 s'élevait à un peu moins de 177 millions de rentes. Le règne de Louis-Philippe n'avait donc augmenté notre dette publique que de 12 millions et quelques centaines de mille francs d'intérêts annuels ; les opérations de crédit, soit par la voie d'emprunts, soit par celle de la consolidation des fonds des caisses d'épargne, s'étaient élevées à un chiffre beaucoup plus considérable et avaient créé 38 millions de rentes nouvelles, mais l'amortissement n'avait pas cessé de fonctionner et avait éteint pendant ces dix-huit années 26 millions de rentes. La dette de la France en 1848 était alors la seconde de l'Europe par ordre d'importance, dépassant de 50 pour 100 environ la dette publique de l'Autriche, mais ne représentant que le quart de la dette de l'Angleterre, qui était de 21 milliards de francs en capital et de près de 700 millions de francs en intérêts.

On voit combien peu notre dette avait augmenté dans cette période de paix et de liberté constitutionnelle ; cependant c'était trop que d'augmenter même légèrement, elle aurait dû décroître. Déjà les financiers du règne de Louis-Philippe étaient inférieurs en fermeté et en exactitude à ceux de la restauration. Il y avait plus de laisser-aller et d'entraînement ; les craintes politiques qui agitaient l'Europe depuis 1840 avaient sur les budgets une influence mauvaise, elles ne réduisaient pas les recettes, elles enflaient les dépenses. Si l'on examine les résultats généraux des budgets de 1814 à 1868, tels qu'on les trouve consignés dans le *Compte général de l'administration des finances pour 1869*, on est frappé du relâchement qui peu à peu s'est introduit dans notre gestion financière. De 1819 à 1829, tous les exercices ont présenté un excédent de recettes, sauf l'exercice 1827. De 1840 à 1848 au contraire, toutes les années ont présenté un déficit notable. Si, au lieu de comparer les deux périodes finales des deux régimes, on met en regard les résultats financiers définitifs de chacun d'eux, on voit que l'ensemble des recettes de la restauration équivaut aux dépenses, sauf un découvert vraiment insignifiant de 20 millions de francs pour quinze années. Il s'en faut au contraire de 997 millions de francs que les recettes des dix-huit années de la monarchie de juillet aient couvert les dépenses de la même époque.

Pendant les trois années que dura la république de 1848, la dette de la France fut plus augmentée que pendant les vingt-cinq ans qui s'écoulent de 1823 à 1848. Les dépenses s'accrurent en même temps que les recettes se réduisirent ; les engagements trop considérables de la dette flottante devenaient exigibles, et les dépôts des caisses d'épargne étaient réclamés au trésor dans un moment où il n'avait pas même assez de ressources pour faire face à ses dépenses courantes. Le gouvernement de 1848 se livra donc aux emprunts sous les formes les plus variées, tantôt s'imaginant que les capitalistes iraient faire les plus grands sacrifices en faveur du régime nouveau, tantôt contraignant les porteurs de bons du trésor ou de livrets de caisses d'épargne à recevoir des rentes au pair, c'est-à-dire à 30 ou 40 pour 100 au-dessus du cours, en remplacement de leurs créances exigibles. La dette consolidée de la France fut augmentée de 53 millions de francs de rentes durant ces trois années, et elle montait en 1852 à 231 millions d'intérêts annuels en chiffres ronds. Ce n'était pas encore le tiers de la dette publique de l'Angleterre à la même époque.

Le régime de 1852 nous fait marcher à pas de géant dans la voie des emprunts. Il débute cependant par une excellente mesure, l'une des plus irréprochables et des plus efficaces que présente l'histoire financière de la France, nous voulons parler de la conversion du 5 pour 100 en 4 1/2, admirablement exécutée par M. Bineau sur le modèle des conversions britanniques ; mais bientôt la série des guerres commence. Par une de ces contradictions qui sont fréquentes à notre époque, les travaux de la paix sont poussés avec activité en même temps que les armements militaires. Les chemins de fer qui bientôt sillonnent tout le pays, le développement de la liberté commerciale, l'afflux de l'or de la Californie et de l'Australie, stimulent la production et multiplient l'épargne. La prospérité générale semble décuplée. Les financiers de cette époque sont assurément des hommes habiles : ils ont de la souplesse et de la fécondité ; mais il leur manque cette rigueur et cette exactitude qui étaient les traits caractéristiques des financiers de la restauration, et qu'on ne trouvait déjà plus au même degré chez ceux du règne de Louis-Philippe. Les ministres, d'ailleurs expérimentés, qui conduisirent les finances sous le second empire, préféraient l'emprunt à l'impôt, en opposition avec la doctrine des hommes d'état de l'Angleterre contemporaine, notamment de M. Gladstone. Ils savaient combien l'impôt est désagréable ; l'emprunt au contraire est généralement bien vu du public : les banquiers, beaucoup de capitalistes, nombre de petits rentiers et de petits propriétaires, se féliciteraient, comme d'une manne céleste, de l'émission d'emprunts annuels, si le paiement des intérêts de ces emprunts ne devait pas exiger des augmentations d'impôts. Or précisément le second empire réalisait ce prodige. C'est une erreur de croire en effet qu'il ait augmenté les impôts pendant sa durée ; on a fait le compte minutieux de tous les remaniements des taxes indirectes de 1848 à 1865, l'on a constaté que les dégrèvements montaient à 337 millions, et les aggravations à 328 millions, ce qui laisse pour cette période, comme résultat définitif, une diminution des impôts indirects de 9 millions de francs. Quant à la contribution foncière, on sait qu'elle fut déchargée en 1850 de 17 centimes généraux perçus au nom de l'état. Toute la politique financière du second empire consistait à faire des emprunts qui avaient pour gage, non des impôts nouveaux, mais la plus-value espérée des impôts anciens. Cet imprudent système avait la faveur populaire, et la prospérité du pays était telle qu'il put persister sans catastrophe pendant dix-huit ans. Aussi les emprunts survenaient avec une périodicité presque régulière ; on ne compte pas moins de huit grandes opérations de ce genre pendant ces vingt ans. Les années de paix avaient leurs emprunts comme les années de guerre. Les expéditions militaires, les grands travaux publics, les déficits des budgets, c'est-à-dire cette plaie des finances de l'état comme des finances des particuliers qui s'appelle le *coulage*, et qui est l'effet d'une prospérité trop grande, voilà quelles furent les trois causes inégales des emprunts.

Si la France avait eu alors à sa tête des financiers comme ceux de la restauration ou comme les financiers anglais d'aujourd'hui, tout en faisant les mêmes entreprises, elle eût augmenté sa dette publique beaucoup moins. La guerre d'Orient coûta à peu près la même somme à la France et à l'Angleterre : 1,750 millions de francs à celle-ci, et environ 1,700 millions à celle-là. Or sait-on comment l'Angleterre a payé les 1,750 millions de francs qu'a exigés d'elle la guerre de Crimée ? L'emprunt n'a fourni que 1 milliard, et les surélévations d'impôts ont donné 750 millions. En France, les impôts furent à peine légèrement accrus, soit pour la guerre de Crimée, soit pour la guerre d'Italie. Tandis que les Anglais doublaient l'impôt sur le revenu, la taxe sur la bière, etc., nous relevions de 93 millions seulement en 1855 les impôts indirects : aussi l'emprunt fournit 1,537 millions de francs, et les aggravations de taxes 150 millions environ.

Un autre trait caractéristique de la gestion financière de ce temps, c'est que tous les emprunts furent émis dans le fonds 3 pour 100, qui était fort au-dessous du pair, à part une très faible fraction des emprunts antérieurs à 1860, qui fut placée en 4 1/2. Nous avons vu que toute politique prévoyante doit éviter de grossir le capital nominal de la dette publique, alors même qu'en faisant ce sacrifice on allégerait dans une certaine mesure la charge annuelle des intérêts. En créant 130 millions de rentes 3 pour 100 à des cours qui oscillaient entre 60 francs 50 cent, et 69 francs, le gouvernement d'alors indiquait assez qu'il ne s'inquiétait guère de l'éventualité du remboursement de la dette. Il est vrai que le public le poussait ou tout au moins le soutenait dans cette voie. Toutes les fois qu'on lui donnait le choix entre des rentes 4 1/2 pour 100 et des rentes 3 pour 100, dût-il payer les dernières relativement un peu plus cher, il préférait le 3 pour 100, aimant mieux un revenu légèrement inférieur avec la perspective d'une plus-value presque illimitée. C'est ce que l'on a vu pour l'emprunt de 1854, les deux emprunts de 1855 et celui de 1859. Dans les trois premiers, le choix ayant été laissé aux souscripteurs entre le 4 1/2 à 92 et le 3 à 65, la quantité de rentes 4 1/2 demandées fut infiniment plus faible que : celle des rentes 3 pour 100.

Tous ces emprunts furent émis par le mode de la souscription publique, c'est-à-dire par l'appel direct du trésor à tous les capitaux, grands, moyens ou petits, l'intermédiaire des grandes maisons de banque était ainsi évité. On aimait à dire que cette méthode était plus avantageuse tant à l'état qu'aux particuliers, que ceux-ci et celui-là se partageaient le bénéfice dont profitaient jadis les banquiers sous le système de l'adjudication ; on soutenait que les rentes arrivaient ainsi plus vite dans les mains des souscripteurs sérieux qui voulaient faire un placement définitif. L'expérience a montré que l'on se trompait. Sous le régime de l'adjudication, tous les grands capitalistes d'Europe se constituent en groupes qui se font concurrence et dont chacun s'efforce d'obtenir la concession de l'emprunt en faisant les conditions les meilleures ; sous le régime de la souscription nationale, les grandes maisons de banque, au lieu de se faire concurrence les unes aux autres, agissent en alliées et de concert pour que l'emprunt soit émis au plus bas prix possible ; c'est d'ailleurs une folie que de prétendre se passer de l'intermédiaire des banquiers : si on les bannit ostensiblement, ils ne viennent pas moins à la dérobée souscrire la presque totalité de l'emprunt et le revendre par parcelles à de plus hauts cours au public des rentiers. C'est là l'explication des souscriptions colossales que nous avons vues pour tous les emprunts qui se sont faits par cette méthode : une spéculation habile enfle ses demandes outre mesure afin d'enlever tout l'emprunt aux rentiers sérieux et de le leur revendre plus tard avec profit.

Paul Leroy-Beaulieu

Ces moyens même ne déplaisaient pas au gouvernement ; ils jetaient sur lui une sorte de lustre éblouissant. On aimait à faire de chaque emprunt une sorte de manifestation nationale et même dynastique : c'était une expression à la mode dans les écrits et dans les discours que celle de *suffrage universel des capitaux*. En réalité, ces souscriptions énormes se seraient produites à toute époque par le même procédé, qui consistait à déclarer irréductibles les demandes de faibles quantités de rentes, à multiplier le nombre des versements, de façon que le premier fût très faible. Nous avons vu que sous la restauration, en 1818, à une époque où la France était épuisée et où le crédit international n'existait guère, un emprunt de 292 millions en capital, mis en souscription publique, avait été souscrit plus de onze fois, les demandes ayant monté à 3 milliards 260 millions. Ce précédent était oublié, et à cette heure il est encore peu connu. Le premier emprunt de l'empire, celui de 250 millions en 1854, n'eut pas ce succès vertigineux, il ne fut pas deux fois couvert, les demandes n'ayant monté qu'à 468 millions ; mais bientôt les capitalistes et les rentiers se ravisèrent : ils virent quel intérêt il y avait à se procurer de la rente de première main. L'emprunt de 500 millions, émis quelques mois après, fut couvert plus de quatre fois, les demandes s'élevant à 2 milliards 198 millions. Celui de 750 millions en 1855 réussit encore mieux, les demandes atteignirent 3 milliards 652 millions ; il y eut un chiffre de 2 milliards 510 millions pour l'emprunt de 520 millions contracté à la veille de la guerre d'Italie. C'est surtout pour les deux emprunts des périodes de paix, ceux de 1864 et de 1868, que les résultats furent éblouissants. On demandait au public, dans la première de ces opérations, un capital de 315 millions, il offrit près de 5 milliards ; l'emprunt était ainsi plus de quinze fois couvert. Le succès de l'emprunt de 1868 fut encore plus prodigieux : le public souscrivit pour une somme de 15 milliards 364 millions à un emprunt dont l'importance nominale en capital était seulement de 450 millions : il était donc couvert trente-quatre fois. Ces merveilles sont inhérentes au système des emprunts par souscription nationale ; l'an dernier, deux pays relativement pauvres, le Portugal et la Russie, ayant émis par cette voie des emprunts pour la construction de chemins de fer, les virent souscrire cent et même cent cinquante fois. Une observation prouve quelle est la part de la spéculation en pareil cas. Le premier emprunt de l'empire, celui de 250 millions en 1854, fut souscrit pour une somme un peu plus importante en province qu'à Paris : il est très vraisemblable que les souscriptions provinciales sont sérieuses. Au contraire, pour les emprunts de 1864 et de 1868, les souscriptions de Paris furent six fois plus importantes que celles des départements, quoique les habitants de nos petites villes et de nos campagnes eussent appris qu'il faut enfler les demandes pour obtenir la somme de rentes désirée. Dans tous ces emprunts, le premier versement, celui que l'on appelle versement de garantie, était très faible, il fut uniformément de 10 pour 100 de la somme due par chaque souscripteur ; le nombre des termes fut généralement de 18. Le dernier emprunt impérial, celui du mois d'août 1870, se fit naturellement dans d'autres conditions. La spéculation avait disparu, il ne restait plus que la confiance des rentiers pour prendre les titres ; on demandait 805 millions, c'est à peine si on les obtint, les demandes s'étant élevées seulement à 807 millions.

Nous avons critiqué le système des emprunts par souscription publique, il convient néanmoins de leur reconnaître un mérite éminent : ils ont singulièrement contribué à répandre les titres de rentes dans toutes les classes de la population. La France se compose en majeure partie d'un monde de propriétaires et de rentiers ; ceux qui dans notre pays ne sont ni rentiers ni propriétaires sont l'exception. Sur quatre familles, il y en a trois qui ont quelque lopin de terre ou quelque titre de rente. Le morcellement de la terre remonte loin dans notre histoire, mais il date surtout de 1789 ; la diffusion des titres de rentes vient principalement du système des souscriptions publiques.

D'après un tableau qu'a publié M. le marquis d'Audiffret dans son *Système financier de la France*, le chiffre des rentiers en 1830 ne dépassait pas 125,000 personnes, même en supposant qu'il n'y eût pas de double emploi, notamment entre les propriétaires de rentes 5 pour 100 et ceux de rentes 3 pour 100. Parmi les 108,493 possesseurs de rentes 5 pour 100, on n'en comptait que 8,000 pour des parties au-dessous de 50 francs de rente. On voit combien peu la rente était alors démocratisée. Si nous nous reportons au *Compte général de l'administration des finances* de 1869, nous voyons que le nombre des inscriptions de rentes est de 1,254,040, dont 936,556 en 3 pour 100, 172,353 en 4 1/2 pour 100 et 755 en 4 pour 100.

Paul Leroy-Beaulieu

Il est vrai que parmi ces 1,254,000 inscriptions il y en a 238,000 au porteur, dont plusieurs peuvent être réunies dans les mêmes mains, il est vrai encore qu'une même personne peut avoir plusieurs inscriptions nominatives ; mais, même en tenant compte de tous ces doubles emplois, on peut admettre qu'il y avait en France en 1869 environ 1 million de propriétaires de rentes, nous ne voulons pas dire 1 million de rentiers : cette expression entraîne avec soi une idée d'oisiveté et d'aisance ; or l'on n'est pas nécessairement oisif et à son aise parce que l'on a une petite rente sur l'état. Il est donc probable que de 1830 à 1869 le nombre des possesseurs de rentes a presque décuplé en France, quoique la dette publique ait seulement doublé dans l'intervalle. Le chiffre des souscriptions irréductibles à nos emprunts est une autre preuve de cette vulgarisation des titres de nos fonds publics. On eut l'heureuse idée de déclarer irréductibles toutes les petites souscriptions. Dans le premier emprunt de l'empire, celui de 250 millions en 1854, ce privilège de l'irréductibilité était attribué à toutes les demandes individuelles ne dépassant pas 50 francs de rente. Il se présenta 99,224 souscripteurs, dont 60,142 irréductibles. A l'emprunt suivant, qui était deux fois plus considérable que le précédent, il s'offrit 180,480 souscripteurs, dont 170,820 irréductibles. Dans l'emprunt de 750 millions, on vit se présenter 316,976 souscripteurs, dont 223,262 irréductibles. L'emprunt de 1859 n'admettait l'irréductibilité que pour les rentes ne dépassant pas 10 francs : il y eut 690,230 sous-cripteurs, dont 530,893 jouissaient du privilège. Dans les emprunts postérieurs, il n'y eut plus que les souscriptions de 5 francs ou de 6 francs de rentes qui furent garanties contre toute réduction. Le chiffre des souscripteurs monta en 1868 à 832,798. Dans nos der-niers grands emprunts, ce chiffre a encore été dépassé. On voit quelle a été la progression de l'empressement du public à souscrire aux immenses et successifs emprunts de la France. Chaque année, nos titres de rentes descendaient dans une couche nouvelle et plus profonde de la population : on ne peut nier que ce ne fût en partie l'effet de ce système de souscription nationale.

Si l'on recherche quel a été le développement de la dette pu-blique sous l'empire, on voit que le chiffre des rentes inscrites au 1er janvier 1870, c'est-à-dire à la veille de la guerre, était de 358 millions en chiures ronds ; mais il convient de déduire 3 millions de rentes appartenant à l'amortissement. La dette de la France avant la guerre s'élevait ainsi à 355 millions de francs d'intérêts annuels, représentant un capital nominal d'environ 12 milliards de francs. La somme des rentes existant en 1852 était, comme nous l'avons vu, de 231 millions de francs ; l'empire, jusqu'aux événements de 1870, y avait donc ajouté 127 millions de rentes. Ce chiffre de 358 millions de rentes pour la dette consolidée n'était pas hors de proportion avec la richesse et la grandeur de la France. On pouvait porter allègrement ce poids. A la même époque, la dette consolidée de l'Angleterre était près du double de la nôtre, montant à 650 millions de francs en intérêts. La dette de la Russie et celle de l'Autriche-Hongrie atteignaient presqu'en capital les trois cinquièmes de la dette de la France ; enfin les sommes absorbées annuellement par le paiement des rentes sur l'état ne prélevaient pas le cinquième de l'ensemble des crédits portés à notre budget. La dette flottante, d'un autre côté, allégée par les fonds des récents emprunts, était réduite à des proportions raisonnables, ne s'élevant au 30 juin 1870 qu'à 633 millions. Ainsi notre situation financière, quoiqu'elle eût pu et dû être meilleure, si le gouvernement avait eu plus de prévoyance et de fermeté, n'était pas mauvaise. Les événements de 1870 et de 1871 devaient singulièrement l'aggraver et porter la dette publique de la France à un chiffre en capital et en intérêts qu'aucune dette de peuple civilisé n'avait encore atteint.

Chapitre III

Dans une série de documents et de tableaux qu'il fit distribuer à l'assemblée nationale au commencement du mois de novembre 1873, M. Magne, alors ministre des finances, dressait le bilan des charges résultant de la guerre et des ressources avec lesquelles il y avait été fait face. Cette statistique comprenait toutes les dépenses extraordinaires de guerre faites pendant les quatre années de la période 1870-1873 ; on y faisait entrer non-seulement le paiement de l'indemnité exigée par les Allemands et les propres frais de guerre de la France, mais encore l'intérêt des sommes dues à l'Allemagne jusqu'à parfait paiement du capital et les dépenses du compte de liquidation jusqu'à la fin de 1873. Ainsi dressé, ce bilan n'est peut-être pas d'une précision complète ; il donne toutefois une idée suffisamment exacte des charges de la guerre de 1870-1871 ; Ces charges s'élevaient pour la France à 9 milliards 287 millions, en y comprenant les dépenses du compte de liquidation jusqu'à la fin de 1873, et en excluant la contribution de la ville de Paris et les autres contributions municipales.

Une nation qui se voit subitement contrainte de trouver en plus de ses dépenses ordinaires 9 milliards 300 millions, dont 5 milliards doivent être payés à l'étranger, était un phénomène nouveau en Europe. Heureusement pour la France, la crise effroyable qu'elle traversait n'avait que médiocrement déprécié le cours de ses fonds publics et avait complètement respecté le crédit de la Banque de France. C'est assurément un fait curieux que les rentes françaises n'aient pas fléchi davantage sous le poids de désastres sans précédents. Sous le second empire, nos fonds publics n'avaient jamais atteint des cours très élevés, de même qu'ils n'étaient jamais descendus à des cours très bas. Le plus haut cours de notre 3 pour 100 dans les quinze années qui ont précédé 1870[1] fut celui de 75 fr. 45 cent, en 1856, et le plus bas cours fut de 60 francs 50 cent, le 3 mai 1859. On ne vit donc pas sous l'empire les cours très élevés que la rente avait atteints sous le règne de Louis-Philippe : bien des raisons s'y opposaient. D'abord les complications extérieures étaient plus fréquentes ou du moins aboutissaient plus souvent à des guerres ; tous les deux ou trois ans, de nouveaux emprunts lançaient sur le marché des masses de titres qui naturellement ralentissaient le mouvement de hausse, enfin l'activité industrielle était si considérable, les sociétés anonymes si nombreuses, les émissions de valeurs mobilières si incessantes, que le public des capitalistes se trouvait en présence d'une foule de titres de toute sorte qui faisaient une concurrence sérieuse à la rente française ; mais, si nos fonds ne montèrent jamais sous l'empire à des taux très élevés, les événements prouvèrent qu'en se répandant le crédit de la France s'était fortifié. Certes la catastrophe de 1870 était bien autrement grave pour la France que les révolutions de 1830 et de 1848. En 1830, nous ne perdions qu'une dynastie peu populaire, et nous

---

1 Nous laissons de côté les années 1852, 1853 et 1854, qui furent celles de l'établissement du régime nouveau ; le 3 pour 100 y fut coté jusqu'à 82 francs. Voyez les tableaux des cours des principales valeurs depuis 1797 jusqu'à nos jours, par M. Alphonse Courtois.

Chapitre III

paraissions sur le point de fonder un régime libéral et définitif. En 1848, la France s'était trouvée prise d'effarement : je ne sais quel trouble moral et quelle agitation nerveuse s'étaient emparés d'elle ; cependant elle n'avait perdu ni territoire, ni richesse. En 1870 au contraire, le tiers du territoire était occupé par l'ennemi, le pouvoir était en des mains inexpérimentées et imprudentes, des sommes inouïes déjouant toute prévision et tout calcul étaient exigées de nous comme rançon. Néanmoins la rente française en 1870 resta toujours beaucoup plus ferme qu'en 1830 et en 1848. En 1831, notre 3 pour 100 tomba à 46 francs, en 1848 à 32 francs 50 cent. ; le cours le plus bas du 3 pour 100 en 1870 fut de 50 francs 80 cent., et en 1871 de 50 francs 35 cent. Le public français est aujourd'hui plus habitué aux orages qu'il ne l'était autrefois, les souvenirs de la consolidation du tiers de la dette publique et de la banqueroute des assignats sont plus éloignés. Enfin et surtout les titres de la dette française sont aujourd'hui en un million de mains : ce gros public de petits marchands, de petits propriétaires et même d'ouvriers est moins accessible à la panique que les classes plus instruites et plus élevées ; plus un marché est grand, plus il est difficile de l'agiter. C'est la diffusion de la rente française dans un million de familles, au lieu de cent mille, comme en 1830, qui est la cause principale de cette solidité relative de nos fonds publics dans la crise de 1870-1871.

Dans les documents qui accompagnent son rapport, M. Magne a donné le détail des ressources avec lesquelles la France a payé ces énormes charges de la guerre, qui se sont élevées à 9 milliards 300 millions. C'est naturellement l'emprunt qui a été la ressource principale ; on y a recouru sous toutes les formes, et il a produit en chiffres ronds 8 milliards 800 millions. Ces emprunts ont été contractés soit par voie d'appel direct aux capitalistes, soit par des traités avec la Banque de France, qui prêtait en réalité, outre sa signature, le crédit du public, soit par une convention avec la compagnie des chemins de fer de l'Est, à laquelle on rachetait une partie de son réseau moyennant un prix payable par annuités à long terme, soit enfin par la négociation de rentes existant dans une caisse publique, celle de la dotation de l'armée.

Nous n'avons pas ici à faire l'historique des divers emprunts : le premier en date, celui du mois d'août 1870, a produit 804,572,000

Paul Leroy-Beaulieu

fr. en rentes 3 pour 100 au cours de 60 francs 60 cent. Le second, qui a été contracté par la délégation de Tours, et qui est connu sous le nom d'*emprunt Morgan*, a été sévèrement critiqué. Toutefois, jugeant d'après les conditions extérieures, nous pouvons dire que l'emprunt Morgan a été trop sommairement condamné ; nous lui trouvons trois mérites. D'abord il a été émis en obligations amortissables par tirages périodiques, ce qui est certainement la forme la plus perfectionnée du crédit public, celle qui rend le remboursement obligatoire sans écraser l'état sous une charge accablante. Ensuite il a été fait en 6 pour 100 et non pas en 5 pour 100 ; c'était la première fois depuis 1789 que la France s'élevait au-dessus de cette sorte de fétichisme qui lui faisait toujours adopter le fonds 5 pour 100 alors même que le crédit public était très déprécié. Enfin l'emprunt Morgan était stipulé convertible moyennant un avertissement donné six mois à l'avance aux porteurs de titres : c'était là une marque de prévoyance et de bon sens. Le taux de l'intérêt, il est vrai, était élevé. D'après les tableaux de M. Magne, si l'on lient compte des frais, il coûte au trésor 7,42 pour 100 des sommes dont l'état a bénéficié, tandis que l'emprunt de 2 milliards coûte seulement 6,29 pour 100 ; mais il faut reconnaître que la situation de la France était bien plus satisfaisante en juin 1871 qu'en octobre 1870.

Les emprunts à la Banque de France, effet et prix du cours forcé, ont produit 1,530 millions de francs, si l'on fait entrer en ligne de compte 60 millions déjà prêtés à l'état par cet établissement de crédit avant la guerre et un solde qui sera employé cette année même. La Banque a rendu à la France d'immenses services alors, elle en a été d'ailleurs magnifiquement récompensée ; mais ce que l'on ne saurait assez louer, c'est le véritable prêteur, anonyme et inconnu, le public, qui acceptait de confiance ces billets dont la circulation augmentait chaque jour, et qui ne se laissait pas impressionner par le souvenir de nos assignats ou par l'exemple des fâcheux effets du cours forcé chez plusieurs nations voisines. On sait quel arrangement a été pris pour rembourser la Banque : une annuité de 200 millions en capital doit lui être versée jusqu'à l'extinction de la dette. Il faut avouer que cette combinaison a été de tous points excellente. Le trésor n'a dû payer que 1 pour 100 d'intérêt, tandis qu'un recours au crédit public lui eût coûté vraisemblablement 6 1/2 ; d'un autre côté, la circulation, qui eût été trop restreinte par la disparition d'une partie de notre stock métallique, a trouvé une compensation dans l'augmentation des billets ; enfin, sauf pendant quelques semaines au début, le billet de banque n'a pas fléchi. Il n'y a absolument rien à dire des 92 millions que l'état s'est procurés par la négociation des rentes de la caisse de la dotation de l'armée.

Les deux grands emprunts de 2 milliards 226 millions et de 3 milliards 498 millions méritent plus d'observations. On s'est demandé si ces emprunts, ou du moins le dernier et le plus considérable, n'eussent pas pu être évités soit par un sacrifice volontaire et patriotique des capitalistes de tous degrés, soit par une imposition extraordinaire sur le capital de tous les Français. On sait quel bruit ont fait jadis ces deux propositions : dans le public et dans la presse, elles ont rencontré de chaleureuses adhésions. L'idée de recueillir soit 3 milliards, soit tout au moins 500 millions par des dons et des libéralités patriotiques était séduisante ; mais elle témoignait d'une assez grande légèreté d'esprit. L'enthousiasme national peut donner 20 ou 30 millions, peut-être même une centaine : c'est évidemment la limite extrême. Le sentiment même de justice, qui veut que chacun contribue suivant sa fortune aux charges du pays, se trouvait atteint par une proposition qui tendait à faire supporter la plus grande partie de l'indemnité de guerre par les personnes les plus généreuses et les plus désintéressées. Le second projet, celui de recourir à une contribution de guerre extraordinaire prélevée une fois pour toutes sur le capital des particuliers, semblait plus logique et plus justifiable. Quoi de plus simple, disait-on, que de répartir sur chacun sa part des charges nationales ? Le compte sera réglé immédiatement. L'assemblée n'aurait plus besoin de s'ingénier à trouver des impôts nouveaux pour payer l'intérêt de la dette augmentée : chaque particulier ferait des efforts pour regagner par l'économie et l'ardeur au travail la fraction de son capital qu'il aurait dû abandonner pour la rançon du pays. Spécieuse, il est vrai, cette théorie ne tenait aucun compte des faits économiques et financiers les plus importants. Une contribution de guerre extraordinaire, montant à 5 milliards ou même à 3 milliards, n'eût pu être levée sans les plus grandes injustices dans la répartition, les retards les plus prolongés dans les paiements, la perturbation la plus profonde dans la production. C'était oublier que rien n'est si malaisé à connaître et à atteindre que le capital de la nation ou des particuliers, qu'en outre toute richesse n'est pas mobilisable, qu'un paysan ne peut tirer de son champ de terre, ni un industriel de son usine une somme ronde, représentant une fraction notable de la valeur de ce champ ou de cette usine, pour être remise dans les mains du fisc. Un mot de Laffitte a son application en pareil cas. « L'impôt, écrivait-il, prend les capitaux où ils ne sont pas, il les prend dans les bourgs, dans les campagnes souvent les plus incultes et les plus pauvres ; l'emprunt les prend où ils sont, dans les grandes villes et dans les capitales. L'impôt les prend où ils coûtent 10, 12 et quelquefois 15 pour 100, — l'emprunt là où ils coûtent 4 ou 5 et où ils s'offrent d'eux-mêmes. » Certainement cette doctrine serait mauvaise, si l'on en voulait conclure que l'emprunt doit, dans tous les cas de nécessité nationale, être préféré à l'impôt ; mais les paroles de Jacques Laffitte s'appliquent avec une remarquable justesse au projet de contribution extraordinaire sur le capital du pays pour payer la totalité ou les trois cinquièmes de l'indemnité de guerre. On eût jeté des centaines de mille particuliers dans des emprunts usuraires, on eût provoqué une crise universelle et intense, alors qu'on avait sous la main un moyen très simple et souvent expérimenté de procurer au pays les fonds qu'il réclamait. Les auteurs de cette proposition oubliaient d'ailleurs qu'il y avait dans le cas de la France une difficulté spéciale : il s'agissait de transférer à l'étranger sans grand trouble une somme de 5 milliards, c'était là un problème dont « la solution n'est devenue probable que par sa réalisation. » Nous empruntons cette expression spirituelle à un récent rapport de M. Léon Say sur les opérations de change qu'a nécessitées le paiement de l'indemnité de guerre. De grands emprunts publics pouvaient donner au gouvernement le moyen de se procurer beaucoup de papier étranger : les capitalistes du dehors ne demandaient pas mieux que de nous faire l'avance d'une partie de notre indemnité de guerre en souscrivant à notre emprunt. On se fût privé de cet avantage en recourant à une contribution extraordinaire sur le capital des particuliers.

Ce projet ne pouvait donc être adopté. Il y avait plus de difficulté et il pouvait se produire plus d'hésitation sur le mode d'émission de l'emprunt. Il y a deux grands types de la dette publique dans les pays civilisés : l'un, le plus ancien, est celui des rentes perpétuelles, que l'état peut rembourser au pair, mais qu'il peut aussi laisser durer éternellement ; l'autre, le plus nouveau, est celui des obligations amortissables par tirage périodique. Nous avouons notre préférence pour ce dernier, c'est le seul qui garantisse et qui facilite l'amortissement des dettes publiques ; une longue expérience prouve au contraire que l'amortissement est presque fatalement intermittent et infinitésimal avec le système des rentes perpétuelles. Le public de toute l'Europe occidentale est d'ailleurs familier avec les obligations amortissables ; il y trouve un attrait spécial, celui de la prime dont le hasard peut gratifier au bout de quelques mois le porteur de titres. Un financier bien connu, M. Bartholony, proposa un plan pour l'émission d'un emprunt de 3 milliards 800 millions en obligations amortissables dans un délai de quatre-vingt-dix-neuf ans par des tirages annuels. Suivant lui, il eût été possible, grâce à la séduction qu'exercent ces titres, de les placer dans le public à un taux qui eût permis de payer l'intérêt et l'amortissement avec une annuité sensiblement égale à celle qu'absorbe le paiement des seuls intérêts pour un emprunt en rentes perpétuelles. Ce projet ne prévalut pas ; on préféra s'en tenir à une méthode qui avait toujours été depuis la révolution celle de l'état français : on émit des rentes perpétuelles. Nous félicitons le gouvernement d'alors de n'avoir pas fait ses deux grands emprunts en fonds 3 pour 100, comme beaucoup de personnes le lui conseillaient. Il les a émis en 5 pour 100, qui est un fonds plus près du pair et dont il est possible d'espérer la conversion en 4 1/2 dans des temps meilleurs. Le gouvernement aurait mieux fait, croyons-nous, de créer du 6 pour 100, comme les États-Unis d'Amérique ; il aurait pu le placer aux environs du pair, et très prochainement par une conversion nous serions allégés du sixième des intérêts de notre dette nouvelle.

M. Léon Say, dans son rapport sur le paiement de l'indemnité de guerre, est entré dans de très curieux développements sur les opérations de change qui ont été liées aux deux grands emprunts. Le premier, celui de 2 milliards 226 millions, a été un peu plus de deux fois couvert, les souscriptions s'étant élevées à 4 milliards 897 millions ; le second, celui de 3 milliards 398 millions, a été treize fois couvert, les demandes ayant monté à 43 milliards 816 millions. Le régime des emprunts par voie de souscription publique a bien des fois donné des résultats analogues. Nos deux grands emprunts ont tiré de leurs cachettes une forte partie des réserves

Paul Leroy-Beaulieu

métalliques qui existent chez nous en quantités considérables dans toutes les mansardes et dans toutes les chaumières, ils ont provoqué la vente et l'exportation d'une masse de titres de valeurs étrangères, italiennes, turques, espagnoles, américaines, dont nos nationaux étaient possesseurs ; enfin ils ont stimulé l'épargne française et ils l'ont absorbée complètement pendant trois ans, la détournant de tous les autres placements français ou étrangers sur lesquels elle avait l'habitude de se porter.

Nous avons vu que pour trouver les 9 milliards 287 millions qui forment, d'après M. Magne, les charges de la guerre de 1870-1871, environ 8 milliards 800 millions avaient été empruntés par des voies diverses. Les impôts nouveaux pendant les exercices qui ont immédiatement suivi la guerre et d'autres ressources accessoires ont produit le complément de 487 millions.

Ce qu'il importe maintenant de déterminer, c'est le chiffre actuel de la dette publique française. Rien n'est plus facile à connaître que celui de la dette consolidée : il suffit d'ouvrir le budget pour en trouver les éléments et le total ; mais il y a plusieurs autres catégories de dettes dont le relevé exige plus d'attention et de recherches. Les rentes 5 pour 100 s'élèvent à 346,001,605 francs d'arrérages, les 4 1/2 à 37,450,476, les 4 pour 100 à 446,096, et enfin les 3 pour 100 à 364,405,476 francs. Ainsi l'ensemble de la dette consolidée exige une somme de 748,303,653 francs d'intérêts. Au 1er janvier 1870, les intérêts de la même dette montaient à 358 millions de francs en chiffres ronds ; elle est donc plus que doublée. Les autres fractions importantes de la dette publique sont les suivantes : la dette envers la Banque de France, qui est, en capital à l'heure actuelle, de 887 millions de francs, ce qui exigerait 44 millions au moins d'intérêts, si on voulait emprunter cette somme au public pour rembourser ce grand établissement de crédit ; les intérêts et l'amortissement des obligations trentenaires émises en 1862 prennent 2,095,560 francs ; le service des obligations de l'emprunt Morgan réclame 17,759,750 francs ; les intérêts et l'amortissement de la créance aux chemins de fer de l'Est absorbe 20,500,000 francs ; les annuités aux départements, aux villes et aux communes pour remboursement d'une partie des contributions de guerre qu'elles ont payées prélèvent 17,422,121 francs ; l'annuité à la Société générale algérienne pour l'intérêt et le remboursement de ses avances demande 4,430,000 francs ; des annuités diverses « pour ponts et canaux, etc., montent à 4,384,420 francs ; les annuités aux compagnies concessionnaires de chemins de fer sont aussi une véritable dette, quoiqu'elles soient inscrites au budget des travaux publics ; elles montent, non compris les garanties d'intérêts que nous laissons de côté, à 22,870,000 francs. Il faut encore comprendre dans la dette publique les intérêts des cautionnements et de la dette flottante, qui sont inscrits au budget de 1875 pour 36,700,000 francs. Il y faut aussi faire entrer toute la dette viagère en déduisant le montant des retenues et autres produits affectés au service des pensions civiles ; c'est encore 107,342,000 francs. En additionnant tous ces éléments de la dette non consolidée, on arrive au chiffre de 277,500,000 francs pour le service des intérêts de la totalité de cette dette et de l'amortissement graduel de quelques-uns des chapitres qui la composent. Si enfin on ajoute ces 277,500,000 fr. d'arrérages des dettes diverses aux 748,303,653 fr. de rentes de la dette consolidée, on a le poids total de notre dette publique : il est de 1 milliard 26 millions de francs en intérêts. Le poids de notre dette publique est donc onze fois plus considérable qu'en 1814, même en tenant compte de l'arriéré qui existait à cette époque, quatre fois plus qu'en 1852, enfin il est de plus du double du poids de la dette française à la date du 1er janvier 1870.

Chapitre IV

La dette publique de la France dépasse de beaucoup aujourd'hui celle des autres pays civilisés. Les intérêts de la dette nationale du royaume-uni de la Grande-Bretagne et de l'Irlande ne s'élèvent qu'à 650 millions de francs en chiffres ronds. Quant aux États-Unis, en 1870, d'après les recherches de M. Dudley-Baxter, les charges réunies de la dette fédérale et des dettes particulières des états exigeaient une annuité de 690 millions. Sur le continent européen, les nations qui passent pour les plus obérées, l'Autriche-Hongrie, la Russie, l'Italie, ne paient pour leurs dettes qu'une somme annuelle qui varie entre le tiers et la moitié de celle qui figure pour le même service dans nos budgets. C'est environ 30 fr. par tête ou 120 fr. en moyenne par famille que les Français paient pour les fautes du passé, car, dans cette immense charge qui pèse sur la France, il n'y a qu'une très petite fraction qui représente le prix de travaux utiles, et qui ait eu pour compensation un développement de la richesse nationale. On peut estimer à 2 milliards au plus la partie de notre dette publique qui a pour origine de grands travaux ou des améliorations matérielles : une forte partie des emprunts du règne de Louis-Philippe, une moindre part des deux derniers emprunts de l'empire, ceux de 1864 et de 1868, les annuités pour le rachat des ponts et des canaux et pour la construction de chemins de fer, forment ces 2 milliards. Or la dette actuelle de la France représente en capital à peu près 23 milliards de francs. D'après les évaluations les plus favorables, la richesse tant mobilière qu'immobilière de la France monterait à 150 milliards de francs au maximum ; la dette publique serait donc, avec l'ensemble de la fortune des Français, dans le rapport de 1 à 7.

Pouvons-nous et devons-nous porter éternellement ce fardeau ? Dans l'état des choses, les intérêts de notre dette prélèvent 40 pour 100 de toutes nos ressources budgétaires, l'ensemble des crédits demandés par le gouvernement pour l'exercice 1875 s'élevant à 2 milliards 569 millions. Cette immense somme est absorbée pour les trois quarts par les intérêts de la dette, les dépenses militaires et les frais de recouvrement des impôts ; ces trois chapitres réunis, en comptant les intérêts de nos dettes diverses pour 1 milliard 26 millions, montent à 1,933 millions de francs, et ne laissent par conséquent pour l'ensemble des autres services publics qu'une somme de 636 millions. On voit combien est faible dans un aussi immense budget que celui de la France l'allocation pour les diverses administrations civiles.

En théorie, on a pu soutenir qu'un état n'était pas tenu de rembourser le capital de ses dettes et qu'il ne trouvait même à se libérer aucun avantage réel. Nous savons qu'il y a contre l'amortissement des objections nombreuses et sérieuses. On peut faire remarquer d'abord qu'il vaut mieux réduire les impôts que de les conserver à un taux élevé pour se réserver un excédant qui soit consacré au rachat de la dette publique. C'est la doctrine qu'ont soutenue et appliquée la plupart des financiers de l'Angleterre dans le courant de ce siècle. Il n'a jamais été fait de l'autre côté de la Manche depuis 1829 aucune tentative de longue durée pour diminuer la dette

Chapitre IV

publique. Presque tous les chanceliers de l'échiquier, lord Althorp, lord Monteagle, M. Gladstone et les principaux hommes d'état, sir Robert Peel, lord John Russell, se prononcèrent toujours pour la réduction des taxes plutôt que pour le rachat de la dette. Celle-ci ne fut guère diminuée depuis 1829 que par des conversions successives de fonds portant un intérêt élevé en fonds portant un intérêt plus bas, ou bien encore par l'échange facultatif de rentes consolidées ou perpétuelles en rentes viagères. On peut faire remarquer encore que la seule action du temps, les progrès de la fortune publique, l'afflux de l'or et des métaux précieux qui déprécient la valeur de la monnaie, les inventions mécaniques et diverses autres causes analogues, tendent chaque jour à rendre plus léger le fardeau d'une dette publique, alors même qu'il demeure nominalement le même. Tous ces arguments ont une valeur économique incontestable, mais ils sont combattus par d'autres qui ont une valeur politique et sociale non moins frappante. Un pays situé au centre de l'Europe et ayant une dette de 23 milliards environ en capital, de 1 milliard 26 millions en intérêts, est singulièrement entravé dans sa liberté d'action. Une nation insulaire que ses goûts, si ce n'est ses traditions, habituent à une politique de réserve et que sa situation même soustrait à toutes chances de conflit international, peut ne faire aucun effort pour s'affranchir d'un fardeau qui doit au contraire nous sembler insupportable. Sans marcher sur les traces des États-Unis d'Amérique, qui ont sacrifié le présent à l'avenir en accablant le pays d'impôts pour racheter en quelques années la totalité de leur immense dette, on peut aussi s'éloigner de l'indifférence de l'Angleterre, qui depuis bientôt cinquante ans n'a presque rien fait pour affranchir les générations futures des charges dont les générations précédentes ont grevé le pays.

Parmi les engagements de l'état, il y en a, comme les annuités diverses pour les ponts et les canaux, pour les compagnies concessionnaires de chemins de fer, comme aussi les obligations trentenaires, qui s'amortissent par la force même des choses, puisqu'ils n'ont qu'une durée déterminée ; mais il ne faut pas oublier que beaucoup de ces engagements, lorsqu'ils viendront à expiration, seront remplacés par d'autres. On ne peut croire que la série des travaux publics utiles, pour la confection desquels le concours de l'état est nécessaire, soit près d'être achevée. Or les subventions par

Paul Leroy-Beaulieu

annuités, que l'on ne devrait jamais prolonger au-delà de vingt ou trente années, sont un des moyens les meilleurs de développer les grandes entreprises sans compromettre les finances du pays. L'état d'ailleurs aura un jour une contre-partie à cette dette, ce sont les remboursements que les compagnies de voies ferrées lui devront faire pour les sommes qu'il leur a avancées et qu'il leur avance encore sous la forme de garanties d'intérêts. On peut espérer, d'après des calculs qui jusqu'ici se sont montrés exacts, qu'en 1885 ces remboursements commenceront.

Un chapitre très important de la dette de la France, c'est la créance que la Banque a sur l'état pour les sommes qu'elle lui a avancées depuis le commencement de la guerre. On sait que ce grand établissement de crédit s'était engagé à prêter à l'état 1 milliard 530 millions, y compris 60 millions déjà versés en vertu d'une convention de 1857. L'état d'un autre côté prit l'engagement de lui rembourser 200 millions par année. Cet engagement a été strictement tenu. En laissant de côté les 60 millions que la Banque avait prêtés au trésor en 1857 et une somme qui fait nominalement partie du prêt de 1 milliard 530 millions, mais qui n'a pas encore été versée à l'état, nous restons redevables de 827 millions envers la Banque. Cette dette a un caractère spécial, parce qu'elle ne porte qu'un intérêt singulièrement réduit, l'état ne payant que 1 pour 100 pour l'usage de capitaux qu'il se procurerait difficilement sur le marché à moins d'une rémunération annuelle de 5 fr. 25 cent, pour 100. Il est vrai d'un autre côté que la persistance de cette dette entraîne avec soi la continuation du cours forcé. Aussi pensons-nous qu'il la faut réduire de préférence ; mais on peut s'en tenir au remboursement par annuités qui avait été stipulé à l'origine. En lui payant 200 millions ou 150 millions par année, dans quatre ans ou dans six ans toute cette dette sera éteinte sans avoir jamais coûté de grands sacrifices au trésor ou au pays ; il sera même possible, quand cette dette sera tombée à 250 millions, de faire un nouvel arrangement avec la Banque pour consolider définitivement cette créance en lui payant un intérêt qui soit intermédiaire entre le taux de l'intérêt actuel, 1 pour 100, et le taux de l'intérêt ordinaire des emprunts faits au public. L'exemple de la Banque d'Angleterre est là pour prouver qu'un grand établissement, quand il a un passé irréprochable, un crédit largement assis et éprouvé, surtout quand il jouit du monopole de

Chapitre IV

l'émission des billets, peut sans inconvénient prêter à l'état d'une manière permanente plusieurs centaines de millions. A tous les points de vue, le mode de remboursement de la Banque par annuités est le meilleur, il rend facile l'amortissement d'une partie de notre dette publique, il ne change pas brusquement le mode de circulation du pays, il nous achemine avec certitude vers la reprise des paiemens en espèces sans nous laisser sentir aucun des inconvéniens du cours forcé.

Il ne faudra songer à l'amortissement de la dette perpétuelle que lorsqu'on aura payé la plus grande partie de la créance de la Banque, ce qui prendra encore plusieurs années ; mais il y a un autre procédé que l'amortissement pour diminuer le poids des dettes publiques : ce procédé est celui de la conversion. Dès aujourd'hui il importe de s'en occuper, parce qu'une première expérience peut être faite immédiatement sans danger et sur une petite échelle, parce que l'opinion publique aussi a besoin d'être préparée à une opération contre laquelle existent encore quelques préjugés. La conversion de dettes portant un intérêt élevé en dettes portant un intérêt moins élevé, quand elle est faite simplement et à propos, est une des opérations les plus légitimes, les plus facilement intelligibles et les plus efficaces du crédit public. Elle ne viole absolument aucun droit. Supposez un homme qui dans des temps difficiles et alors que les capitaux sont rares ait emprunté une somme pour laquelle il paie un assez gros intérêt ; au bout de quelques années, sa situation particulière et la situation générale du marché des capitaux se sont améliorées, il lui est facile de se procurer de l'argent à meilleur compte, il va trouver son créancier et il lui dit : « Je vais vous rembourser dans quelques mois la somme que je vous dois, à moins que vous ne consentiez à une diminution du taux de l'intérêt, qui n'est plus justifié par les circonstances. » Connaissez-vous rien de plus simple et de plus usuel que cette opération ? Eh bien ! c'est là tout ce qui constitue une conversion, il n'y a pas d'autre mystère. Qui a le droit de se plaindre en pareil cas ? Le créancier ancien ? mais on offre de lui rembourser la somme prêtée, s'il ne consent pas à une diminution d'intérêts. Notez même que, lorsqu'il s'agit d'emprunts d'état, on offre au rentier de lui rembourser notablement plus que ce qu'il a prêté, puisque les états ont la malheureuse habitude d'emprunter au-dessous du pair et que naturellement ils

Paul Leroy-Beaulieu

ne peuvent imposer le remboursement qu'au pair. Voilà donc une mesure bien innocente. Comment se fait-il qu'on l'ait parfois mal comprise ? C'est qu'on l'a quelquefois inutilement compliquée.

Sans faire ici un exposé complet des nombreux exemples de conversions de dettes publiques qu'offre l'histoire, disons seulement quelques mots des opérations de ce genre qui se sont pratiquées en Angleterre. C'est à Robert Walpole qu'est due la première conversion de la dette anglaise. Toute la dette britannique était à cette époque en 6 pour 100 ; mais, le crédit s'étant affermi, en 1715 on put faire un emprunt en 5 pour 100 consolidé émis au pair. On jugea qu'il y avait une anomalie à continuer le paiement d'un intérêt de 6 pour 100 aux créanciers de l'ancienne dette ; on leur offrit l'option entre le remboursement du capital qui leur était dû ou la réduction de l'intérêt à 5. La grande majorité des porteurs de rentes consentit à la conversion, qui procura au trésor une économie annuelle de 8 millions de francs sur les intérêts de la dette. Le crédit de l'état continuant de s'améliorer, en 1729, en 1750 et en 1757 on fit toute une série de conversions nouvelles pour transformer le 5 pour 100 en 4 et le 4 pour 100 en 3. L'ensemble de ces mesures accomplies dans un délai de quarante-deux ans réduisit de moitié l'intérêt des anciennes dettes de la Grande-Bretagne, et valut au trésor une économie annuelle de 31,675,000 francs, somme énorme pour le temps. A la fin du XVIIIe siècle et au commencement du XIXe toute une dette nouvelle avait été créée pour pourvoir aux frais de la guerre contre l'Amérique et de la guerre contre la France. Comme toujours, les emprunts de cette époque avaient été contractés à un taux d'intérêt assez élevé, parce que les capitaux étaient rares alors et que l'Angleterre était entourée de périls. Une fois la paix conclue, les fonds publics se relevèrent ; ceux qui avaient été émis en 5 pour 100 atteignirent et dépassèrent le pair. Que firent alors les hommes d'état de la Grande-Bretagne ? Exactement ce qu'avaient fait Robert Walpole et ses successeurs immédiats. Nous assistons, à partir de 1822 jusqu'en 1854, à toute une série de conversions nouvelles ayant pour résultat final de réduire des deux cinquièmes par des mesures successives l'intérêt des anciennes dettes, et de transformer en 3 pour 100 la totalité de la dette britannique. L'économie annuelle dont cette série de conversions accomplies depuis 1822 fit profiter les budgets anglais

Chapitre IV

est de 90 millions de francs. Nous ne parlons pas ici d'un système spécial de conversion employé depuis 1808 jusqu'à nos jours et qui a eu toute la faveur de M. Gladstone, c'est la conversion facultative des renies perpétuelles ou annuités des consolidés en rentes viagères. De 1808 à 1869, les intérêts annuels de la dette britannique ont été diminués de 25 millions de francs par ce procédé.

On voit combien est énergique la méthode des conversions. Comment se fait-il qu'on n'en ait pas usé davantage en France ? En 1824, M. de Villèle proposait une conversion obligatoire du 5 pour 100 en 3 pour 100 au taux de 75 francs : son plan n'était pas irréprochable, parce qu'il augmentait le capital de la dette nationale ; mais il eût procuré sur les intérêts une économie annuelle de 28 millions de francs. L'ignorance et les préjugés firent repousser ce projet par la chambre des pairs, quoique la chambre des députés l'eût adopté. L'année suivante, ne pouvant faire une conversion obligatoire, M. de Villèle en fit une facultative, invitant les porteurs de 5 pour 100 à échanger ces titres contre des titres de 3 pour 100 au taux de, 75 francs ou contre du 4 1/2 au pair, ce dernier fonds ne pouvant être l'objet d'une conversion nouvelle avant un laps de dix ans. Il n'y eut que le quart des rentes appartenant à des particuliers qui se soumirent à cette conversion toute volontaire ; l'économie annuelle pour le trésor sur les arrérages de la dette fut de 6,200,000 francs au lieu de 28 millions qu'eût produits la conversion obligatoire. Pendant tout le règne de Louis-Philippe, il fut sans cesse question de la conversion des titres de 5 pour 100 qui existaient encore. Bien des projets divers, les uns très simples, les autres compliqués, furent soumis aux chambres sur cette opération. Ce n'est qu'en 1852, et par les soins de M. Bineau, que la conversion obligatoire du 5 en 4 1/2 fut effectuée : opération fort bien conduite et d'une ordonnance très simple ; tous les titres 5 pour 100 devaient être soit remboursés au pair, si le porteur le demandait, soit échangés contre des titres de 4 1/2 pour 100 garantis pendant dix ans contre toute conversion nouvelle. C'était la copie exacte des conversions anglaises ; la mesure réussit à merveille. Les remboursements n'atteignirent pas 80 millions de francs, en capital. Une somme de 175,664,010 francs de rentes 5 pour 100 fut échangée contre une autre somme de 158,097,609 francs de rentes 4 1/2, procurant ainsi -au trésor une économie annuelle de

17 millions 1/2 sur le service de la dette. Il est malheureux que M. Fould en 1862 ait compromis la bonne renommée des conversions de dettes publiques par l'abus qu'il en fit. Au lieu de songer à réduire les intérêts de la dette nationale, ce ministre, d'ailleurs habile, s'avisa d'en augmenter le capital pour se procurer des ressources extraordinaires. La conversion facultative du 4 1/2 en 3 pour 100, moyennant le paiement d'une soulte représentant l'écart qui existait sur la cote de la Bourse entre des sommes égales de rentes placées dans l'un et dans l'autre fonds, n'était qu'un expédient de tout point condamnable.

Ce fâcheux précédent ne doit pas nous empêcher de considérer le système des conversions comme excellent en soi. C'est pour la France l'un des moyens de réduire notablement le poids de sa dette. Dès aujourd'hui on peut en faire une application à l'emprunt Morgan. Ces obligations 6 pour 100 ont dépassé le pair, notre 5 pour 100 est lui-même presqu'au pair, rien donc ne sera plus facile que d'échanger le 6 pour 100 contre du 5 : ce sera une économie de 1 pour 100 sur les intérêts de cet emprunt, soit de 2,400,000 francs par an. Cette opération serait un prélude à une autre beaucoup plus importante qui, si la France jouit de la tranquillité politique, pourra se faire dans quelques années, nous voulons parler de la conversion du 5 en 4 1/2 : elle procurerait au trésor une économie de 34 millions. Le temps sans doute n'est pas encore venu, il faut que la reprise des affaires se soit beaucoup plus accentuée, que les capitaux soient devenus plus abondans ; mais dès aujourd'hui on peut prévoir le jour où cette conversion du 5 en 4 1/2 au pair sera possible.

Quant à l'amortissement proprement dit par des rachats à la Bourse, ce n'est pas maintenant qu'il y faut penser, puisque nous avons un remboursement plus pressant à faire, celui de notre dette envers la Banque. Néanmoins on peut rechercher la meilleure méthode de procéder en pareil cas. L'amortissement dans le passé a souvent été un leurre. La France et surtout l'Angleterre ont pratiqué jusqu'à un temps assez rapproché de nous une méthode décevante qui consistait à créer pour l'amortissement une administration spéciale, ayant une allocation fixe, rachetant des titres à la Bourse, conservant les titres rachetés, en touchant les intérêts et les employant à de nouveaux rachats. C'est ainsi qu'ont fonctionné les caisses d'amortissement dont le principe reposait sur la théorie de la puissance de l'intérêt composé. L'action de ces caisses ne s'arrêtait pas un instant : alors même que le budget était en déficit, alors même que l'état empruntait, la caisse d'amortissement, considérée comme un être à part et distinct de l'état, rachetait et rachetait toujours des titres à la Bourse. On croyait faire œuvre de prévoyance en n'interrompant pas un instant ce jeu de l'amortissement : on ne faisait en réalité qu'un métier de dupe. On émettait des rentes d'une main à des cours assez bas, on les rachetait de l'autre main à des cours plus élevés, et l'on perdait toute la différence. On ne peut que féliciter la restauration d'avoir amorti avec constance, mais on peut se demander si le gouvernement de juillet n'aurait pas mieux fait de suspendre l'amortissement à partir de 1840 que de le continuer quand tous ses budgets étaient en déficit.Pour la vaine satisfaction d'entasser des titres de rentes dans ses caisses, il s'obligeait à grossir outre mesure la dette flottante, dont les énormes proportions devaient être cause de tant d'embarras en 1848.

Nulle part ce décevant système d'amortissement à intérêts composés n'a été pratiqué avec autant de constance et, si nous pouvons le dire, de superstition qu'en Angleterre depuis le grand Pitt jusqu'en 1828. C'est dans cette dernière année qu'un comité de la chambre des communes prit une résolution célèbre qui malheureusement ne fut pas longtemps observée. Il y était dit que le maintien d'un fonds d'amortissement, qui serait alimenté autrement que par l'excédant net des recettes sur l'ensemble des dépenses, serait plutôt nuisible qu'utile. Ce serait, ajoutait-on, montrer bien peu de souci du crédit public et du salut du pays que de ne pas constituer en temps de paix une sorte de provision pour diminuer les chargés permanentes laissées par la guerre. Au lieu de fixer d'avance une dotation constante ou progressive à l'amortissement, il paraissait plus convenable de réserver à la réduction de la dette publique les excédans de revenu. Néanmoins, ajoutait-on, eu égard au montant des revenus de la Grande-Bretagne et aux variations de rendement qu'il comportait, ainsi qu'à la nécessité de diminuer la dette, il serait utile, en dressant le budget, de prévoir comme indispensable un excédant des recettes de 3 millions de livres sterling ou 75 millions de francs ; mais, si cet excédant n'était pas réalisé, il ne faudrait en aucun cas se procurer cette somme par des emprunts pour l'affecter à la réduction de la dette. Enfin tous tes titres de la dette rachetés par l'amortissement devaient être immédiatement annulés et rayés des livres. Telles étaient les sages recommandations du comité des communes de 1828. L'année suivante, un acte du parlement faisait passer en articles de lois la plupart de ces conseils. Il était ordonné que l'administration des finances dressât, dans les trente jours qui suivent l'expiration de chaque trimestre, un compte des recettes et des dépenses effectuées dans les douze mois écoulés, et qu'un quart de l'excédant des recettes de ces douze mois fût remis aux commissaires pour la réduction de la dette nationale, afin d'être employé à l'achat de titres soit de la dette flottante, soit de la dette consolidée.

Il est impossible de trouver un ensemble de dispositions plus judicieuses ; par malheur, l'amortissement volontaire est difficile à pratiquer : il demande de la part des hommes d'état et des assemblées une force de caractère, une constance, un esprit de suite, qu'il est rare de rencontrer pendant une longue période : c'est ce qui explique que de 1828 à 1869 l'amortissement n'ait racheté en Angleterre que pour une somme nominale de 50,730,936 livres sterling, soit 1 milliard 270 millions de francs de titres de la dette publique. C'est le vice presque irrémédiable des emprunts en rentes perpétuelles qu'il faut pour les racheter des miracles de prévoyance et de persévérance pendant plusieurs générations. Aussi toute nation qui a le souci de son avenir ne devrait-elle jamais recourir au crédit public que sous la forme d'obligations amortissables par tirages périodiques. L'excédent normal de 3 millions de livres sterling, qui était une des recommandations les plus pressantes du comité des communes de 1828, figura très rarement dans les budgets postérieurs de la Grande-Bretagne. Comme le disait M. Gladstone en 1862, l'une des difficultés les plus grandes pour un ministre des finances, c'est de savoir sauvegarder un excédant notable des recettes sur les dépenses. Cet excédant a tant d'ennemis : les contribuables qui réclament des diminutions d'impôts, les diverses administrations qui veulent des augmentations de dotation, les intérêts les plus respectables, comme ceux de l'éducation nationale et des travaux publics. M. Gladstone, par une citation latine, laissait spirituellement entendre qu'un ministre des finances n'avait jamais de repos que lorsqu'il n'avait pas d'excédant à sa disposition :

Cantabit vacuus coram latrone viator.

L'indifférence de l'Angleterre pour l'amortissement de sa dette ne doit pas nous servir, de modèle. La restauration se montrait plus prudente quand elle allouait à ce service une dotation annuelle de 40 millions de francs. Loin de nous de réclamer l'affectation de ressources spéciales à cet objet, comme on le fit alors et comme on le décida de nouveau en 1868 ; mais il serait bien que le gouvernement et les assemblées prissent la résolution de faire figurer dans chaque budget un crédit de 100 ou 150 millions pour la diminution de la dette, soit flottante, soit consolidée. Ce serait l'imitation des décisions de la chambre des communes de 1828. Chaque budget, en plus des dépenses ordinaires ou extraordinaires, devrait être calculé de façon à présenter un excédent de 100 ou 150 millions pour cette destination ; cette somme ne serait d'ailleurs employée au rachat de titres de la dette publique qu'après que la réalité de l'excédent aurait été constatée. Les finances françaises pourraient très bien supporter cette charge : elle serait moindre que celle que M. Thiers y avait introduite et qui montait à 200 millions pour le remboursement à la Banque. Ces 100 ou 150 millions serviraient provisoirement à continuer ce remboursement, et une fois qu'il serait terminé ou que le solde de la dette envers la Banque aurait été consolidé par un traité analogue à celui qui a été passé entre la Banque d'Angleterre et l'état, l'annuité de 100 ou de 150 millions deviendrait libre pour le rachat des titres de la dette consolidée. Elle aurait le mérite de contribuer à la hausse des fonds publics et de préparer d'abord la conversion du 5 pour 100 en 4 1/2, et plus tard même celle du 4 1/2 en 4.

On dira peut-être que ces prévisions sont à bien longue échéance ; mais en matière de finances il importe d'avoir des vues étendues et un plan embrassant une série d'années. Il ne faut pas oublier d'ailleurs que tous les budgets qui ont été votés depuis la guerre, y compris celui de 1875, sont des budgets de transition ; ils le sont en ce sens qu'une partie des dépenses annuelles sont pourvues par des ressources extrabudgétaires, puisées à un compte spécial, qui s'appelle le compte de liquidation. Celui-ci va expirer en 1876. Le budget de 1876 est donc à refaire sur un plan tout différent des précédents, car il faudra trouver une branche de recettes nouvelles pour faire face aux frais de reconstitution du matériel de guerre et de construction de forteresses, dépenses qui jusque-là figuraient au compte de liquidation. Les ressources des présents budgets ne suffiraient certainement pas pour payer à la fois un amortissement de 100 ou 150 millions et les dépenses de guerre auxquelles le compte de liquidation pourvoyait. Il faudra ou bien faire en une fois un emprunt considérable pour rembourser la Banque et se procurer les ressources nécessaires au rétablissement de notre état militaire, ou bien faire ce qu'ont fait les Anglais à partir de 1861 pour leurs travaux de fortifications, une série d'emprunts spéciaux et de peu d'importance. Ce dernier parti serait le plus sage : l'émission d'obligations amortissables par tirages périodiques est le mode le plus convenable pour ces opérations. En tout cas, nous souhaitons que nos grands pouvoirs publics comprennent qu'une dette de 23 milliards en capital et de plus de 1 milliard en intérêts ne peut être indéfiniment maintenue dans un pays qui ne veut pas se désintéresser pour toujours des grandes affaires et des grandes entreprises internationales. Nous ne doutons pas qu'on ne s'efforce de la réduire en maintenant dans tous nos budgets un excédant de 100 ou de 150 millions sous une forme ou sous une autre et en recourant à propos, comme on le peut déjà pour l'emprunt Morgan, au procédé légitime et efficace de la conversion. Au surplus, les ressources de la France sont grandes, sans être inépuisables : dans le troisième trimestre, le rendement de nos impôts indirects a presque atteint les prévisions budgétaires ; si l'on était un peu assuré de la stabilité politique, on verrait bientôt se produire des plus-values considérables qui permettraient simultanément la réduction ou la modification des taxes les plus gênantes pour la production et la pratique modérée, mais constante, d'un amortissement sérieux.

Chapitre IV

ISBN : 978-1532894633